bup
BERLIN UNIVERSITY PRESS

Dietrich Fischer-Dieskau

JUPITER UND ICH

Begegnungen mit Wilhelm Furtwängler

Berlin University Press

Dietrich Fischer-Dieskau
JUPITER UND ICH
Begegnungen mit Wilhelm Furtwängler

Zweite Auflage im Februar 2015

Umschlaggestaltung
Network ! Werbeagentur GmbH, München
Lektorat
Christian Döring
Satz und Herstellung
Dittebrandt Verlagsservice, Baden-Baden
Schrift
Borgis Joanna MT
Druck
Beltz Bad Langensalza GmbH
ISBN 978-3-7374-1305-3

www.verlagshaus-roemerweg.de

Inhalt

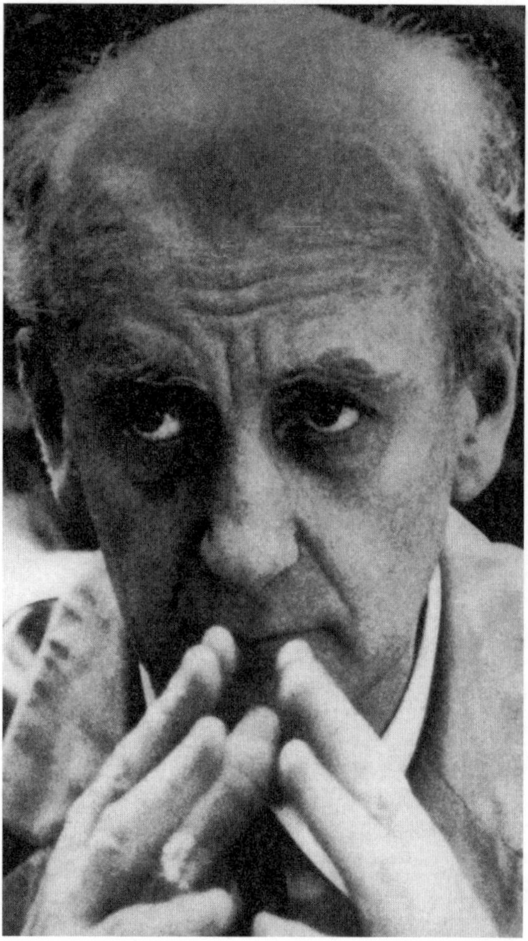

Wilhelm Furtwängler, um 1953

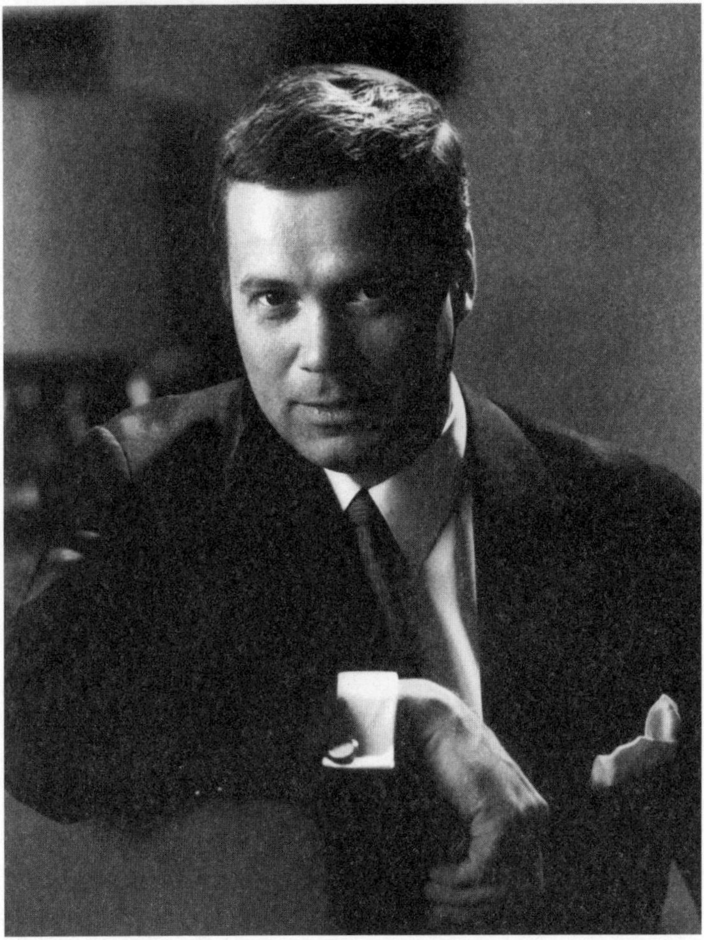

Dietrich Fischer-Dieskau, um 1965

FRÜHES HÖREN

Als Wilhelm Furtwängler 1954 starb, trauerten nicht nur Musikliebende und Musiker um einen Großen, dem bleibende Eindrücke zu verdanken waren. Vielmehr gab es unter ihnen viele, die mit diesem Abschied das kommende Ende einer Epoche verbanden. Paul Hindemiths Worte: "Den Ernst und die Würde von Furtwänglers Musizieren wird es nie wieder geben" (1) , entsprangen einem völlig gegensätzlichen musikalischen Temperament mit unterschiedlicher Zielsetzung; aber sie waren berechtigt, auch wenn sie nicht vollständig gültig bleiben konnten. Es gab immerhin nachfolgende Dirigenten, die auf ihre Weise zu faszinieren verstanden, die auf mehr Perfektion zielten und deshalb äußerlich brillanter wirkten, ja, die es fertig brachten, den Riesen-Komplex der Werke von Beethoven, Brahms oder Bruckner – das Zentrum von Furtwänglers Interesse – analytisch zu durchleuchten und damit den Gewohnheiten und Bedürfnissen, fast möchte man sagen: den Notwendigkeiten des heutigen Hörers entgegen kamen.

Wo aber blieb der Kern von Furtwänglers musikalischer Arbeit, das Unbedingte seiner höchst persönlichen, immer auf größtmögliche Zusammenhänge hinarbeitenden Darstellungen? Wo blieb sein Glaube und unermüdlicher Einsatz (der freilich nur ihm selber wirklich verfügbar war) für eine Kraft der Musik, die eine gemeinsame, eine geteilte geistige Empfindung mit dem Publikum hervorzurufen wusste; eine Erfahrung mithin, die sich jedwedem bloßen „Konsum“ entzieht.

Der Kritiker Hans Heinz Stuckenschmidt wies häufig auf einen sehr besonderen Satz hin, den Thomas Mann in seinem Roman „Der Zauberberg“ vom italienischen Humanisten Settembrini aussprechen lässt: “Ich hege eine politische Abneigung gegen die Musik“. Er sagt dies zur „gefährdeten Jugend“ der Vor-Weltkriegszeit. Thomas Mann geht davon aus, dass Musik sich im 19. und 20. Jahrhundert zu einem Politikum entwickelt habe, worüber auch keine proteische Charakterschwäche hinwegtäuschen könne, die es der Musik ermöglicht, nach Bedarf einem geistlichen oder weltlichen Zweck zu dienen, sich heiter oder traurig zu gebärden. Vielleicht gewann Musik durch solche Vieldeutigkeit eine vergleichslose Macht über Geist und Seele im nationalen deutschen Bewusstsein. Aber das stellt etwas dar, was eigentlich weit über sie hinausgeht, gleichsam etwas Außermusikalisches.

Repräsentant solcher Macht war im geeigneten Augenblick der Dirigent als Beherrscher des Orchesters, der hundert hochbegabte Musiker das Metaphysische verkünden lässt, versinnbildlicht in dem zu Beginn des 19. Jahrhunderts durch Carl Maria von Weber eingeführten Taktstock. So hoch die Menschen meines Alters in dieser Epoche auch mitfliegen durften, so betroffen beobachteten sie nun deren Ende: Wovon wir zehren ist ein Nachhall, eine schöne Erinnerung. Uns bleiben krampfhafte Versuche, am Technischen, an der inzwischen ungeheuren Weiterentwicklung der Orchesterfähigkeiten das Neue festzumachen. Das kann uns allerdings keineswegs geistig weitertragen. In solcher Abendstimmung können uns schon virtuose Kopien erfreuen.

1950 war ein schicksalsträchtiges Jahr für mich, denn ich durfte Wilhelm Furtwängler kennenlernen: Aus der Ferne war er mir natürlich längst ein Begriff, wurde ich doch schon als Schuljunge zum Zeugen vieler seiner Konzertauftritte in der alten Berliner Philharmonie. Zumeist hatte ich mir Plätze auf dem Podium ergattert, um ihn und andere Dirigenten besser beobachten und deutlicher hören zu können. Denn im Saal waren nicht die besten Erfahrungen zu machen, speziell bei den Blechbläsern; ein Grund für Willem Mengelberg, die Trompeten am Schluss der Fünften Symphonie von Tschaikowsky aufstehen zu lassen. Ein Show-Effekt, der nicht bloß willkürlich, sondern auch diesen Notwendigkeiten entwachsen war. (Sonst freilich gab sich dieser Dirigent so übertriebenen Rubato-Überrumpelungen hin wie kein anderer.)

Natürlich erfasste ich Furtwängler, den überragenden Musiker, vorläufig mehr in seiner Ausstrahlung als in seinem Wesen; schon gar nicht konnte mir bewusst sein, wie er sich selbst sah. Es gab so vieles Neue aufzunehmen, Werke, deren unwiderstehliche Gewalt mich in Furtwänglers Interpretation viel mehr und anders als bei anderen mitriss und zum Nachdenken bewegte. Vor allem galt dies für Beethovens symphonisches Werk. Im Vergleich mit anderen Wiedergaben dieses Ouvres konnte man ahnen, was sich gerade durch Furtwängler verwirklichte: Es ging diesem Interpreten um die Rettung von bereits Verlorenem in dem Augenblick, als unter der Propaganda der Nationalsozialisten eine verbindliche geistige Tradition nur in einer übergroßen Anstrengung zu bewahren war. Und ich wage zu behaupten, dass Wilhelm Furtwängler auch nach Kriegsende jungen Menschen die Anregung gab, das Bild der Musik im gleichen Geist zu erhalten, wie es auch in ihm noch einmal lebendig gewirkt hatte. Zu solchen Überlegungen führte auch das Vergleichen von Schallplatten-Aufnahmen, die mir als einem ungestümen Sammler bereits damals zur Verfügung standen. Zu Beginn der Dreißiger Jahre war Furtwängler mit dem bedeutenden Bühnenbildner Emil Preetorius bekannt geworden. Gemeinsame Wagner-Premieren standen bevor, deren wichtigste wohl die des „Lohengrin" war, inszeniert von Heinz Tietjen an der Staatsoper in Berlin, wo ich sie sah, und in Bayreuth. Diese Aufführungen gerieten zu einer Art künstlerischer Symbiose für Preetorius und Furtwängler, stilistisch geschlossen, neuartig und dabei das Wagnersche Werk und seinen Willen verwirklichend. So erlebte der Helfer auf der Bühne, wie genau und konzentriert sich der Dirigent mit Elan der Vorbereitung – nicht nur dieses Werkes – widmete, nichts unbeachtet liess und darüber wachte, dass die Musik allem Geschehen auf der Bühne die letztgültige Orientierung geben konnte. Dabei durfte er sich auf Preetorius verlassen und mischte sich nie in die bildnerischen Belange ein. (2)

Ehrungen ohne Ende wurden damals dem Dirigenten zuteil. Der Doktorgrad „honoris causa" wurde ihm von der philosophischen Fakultät der Heidelberger Universität verliehen, nicht lange darauf der Orden „Pour le Mérite“. Zur fragwürdigsten und für Furtwänglers Ruf gefährlichsten Auszeichnung wurde die Auszeichnung zum „Preußischen Staatsrat“ durch Hermann Göring. Immerhin durfte er auf deutschem Reichs-Territorium umsonst Erster Klasse reisen... Aber auch diese Erfahrung genügte nicht, Wilhelm Furtwängler deutlich zu machen, dass seine Musik, seine Persönlichkeit und seine Magie machtlos waren gegen diesen Ansturm von Bedrohlichem. Auch das gehört zu seinem Persönlichkeitsbild.

Aber von solchen Erkenntnissen war ich, der Schuljunge, meist an der Seite meines Freundes Max, weit entfernt. Auch von dem, was mir erst später klar werden konnte: Es war bezeichnend für ihn, dass er fortwährend gegen Elemente seines eigenen Wesens opponierte; Gefühl und Verstand hielten sich die Waage, und jedes von beiden kämpfte unaufhörlich um Hegemonie. Nationale Barden der Hirnrissigkeit warfen ihm Intellektualismus vor, während er unter Intellektuellen stets die Rechte des Gefühls zu stützen suchte.

Sein Kampf gegen den „Intellektualismus“ bis 1933 und nach 1945 könnte auch als Aufbegehren gegen die dominierende Vatergestalt des berühmten Archäologen Adolf Furtwängler gedeutet werden. Er liebte zwar den fördernden Vater, wollte sich ihm aber nicht unterordnen. Es gibt unter den mancherlei Aufsätzen, die Furtwängler in seinen letzten Jahren publizierte, einen über „Das intellektuelle Leitbild in der Musik“ (3) – leider nicht im Sammelband „Ton und Wort“ enthalten, in welchem er den Historismus und den Intellektualismus aufs Korn nimmt. Dort ist, wie übrigens auch bei Nietzsche, der Historiker „ein ewiger Zuschauer", bei dem das historische Sehen jegliche „tiefere Kunsterkenntnis" mindere. Unser Musikleben, meint Furtwängler, habe durch kühl referierende, historisch wertende Berichterstattung an Gewicht verloren. Unversöhnliche, aber aus heutiger Sicht berechtigte Töne gegen die Historiker sind das, gerade weil er als ein Kenner der Antike, als Spross eines Archäologenhauses, den Überblick haben konnte. Er hasste das, was er als falsche Werktreue brandmarkte, historisierende Aufführungen in kleiner Besetzung und mit „Originalinstrumenten", die eine Musik hervorbringen, die ihrer atmenden Sprache beraubt ist. Sein Musizieren zielte nicht nur auf Welterfassung, sondern diente dazu, den ganzen einzelnen Menschen zu packen, zu hypnotisieren und zu verändern. Totale Unterwerfung des Hörens ist gefordert, ein heute unbekannter Begriff aus dem 19. Jahrhundert, wie er auch meinen Weg bestimmte – und zu dem ich stehe. Man kann es ein wagnerisches Verfahren nennen, und zu Wagner führt ohnehin jeder Gedankengang Furtwänglers zurück.

Niemand kam aber seiner Geistigkeit und magischen Ausstrahlungskraft gleich, so wie ich sie als Heranwachsender oft im Saal zuhörend verspürte. Sicher, sein Dirigieren wirkte auf Anhieb subjektivistisch, fern den vertrauten, in Lehrbüchern festgehaltenen Regeln. Aber es eignete sich geradezu ideal zur Wiedergabe dessen, was nicht anders denn als ständiger Kampf bezeichnet werden kann. Er sagte mir später einmal (ich glaube, es war im

Wiener Gösser-Bräu nach dem Requiem von Brahms), für ihn gebe es trotz Wagner, Berlioz, Bruckner und Brahms nur einen Musiker, der ihn wirklich befruchte, der ihn über sein eigenes Werk hinaushob. Beethoven sei der einzige, der wirklich absolute Musik schreiben könne, vorausgesetzt, man lege einen strengen, das beinhalte, des Komponisten eigenen Maßstab an. Man könne von Beethoven lernen, einen Gedanken auf den einfachsten, selbstverständlichsten, natürlichsten Ausdruck zu bringen. Das stehe in genauem Gegensatz zu dem, was in unseren Tagen geschehe, weshalb man mehr von ihm als von einem anderen lerne.

LIEDER EINES FAHRENDEN GESELLEN

Dr. Eberhard Preußner, damals noch Präsident des Mozarteums in Salzburg, hatte durch meine erste Frau, die Cellistin Irmgard, geborene Poppen, von mir erfahren und war aufmerksam geworden. Irmel nahm an dem zahlreich besuchten Cello-Kurs des berühmten Enrico Mainardi im Mozarteum teil und hatte nicht versäumt, auch ihrem Lehrmeister von mir vorzuschwärmen. So kam es, dass ich, gerade noch mit Hilfe eines im letzten Augenblick erstandenen Grenzübergangs-Scheines nach Österreich eingereist, meine Nase in den Wirbel der gerade laufenden Festspiele stecken konnte. Eine ohren- und sinnbetäubende Fülle von Eindrücken ergoss sich über den aus dem armen, recht provinziell gewordenen Berlin noch nicht oft herausgekommenen Anfänger. Vor zwei Jahren vom Intendanten der Berliner Städtischen Oper Heinz Tietjen als "1.lyrischer Bariton" engagiert, hatte ich mit dem Posa in Verdis „Don Carlos", dem Minister in „Fidelio" und dem Wolfram in „Tannhäuser" einigen Widerhall gefunden. Es ist nicht anzunehmen, dass dieser Erfolg bis zu Wilhelm Furtwängler gelangt war.

Nun lud mich sein Freund Enrico Mainardi zu einem seiner berühmt gewordenen „Symposien" in den großen Mozarteums-Saal zum Vorsingen ein. Professor Heinrich

Schmidt, damals Solo-Korrepetitor der Wiener Staatsoper, sass etwas unbeteiligt am Flügel und begleitete mich zu einigen Schubert-Liedern. Der Saal war wider Erwarten gänzlich leer und ich verausgabte mich rückhaltlos. Später erfuhr ich von Mainardi, er sei augenblicklich zu seinem Freund Furtwängler in die Probe gegangen, um ihm zu berichten und ein weiteres Vorsingen zu arrangieren. Der gütige Dr. Preußner stellte seine Wohnung an der Salzach für das Treffen zur Verfügung. Ich fand mich pünktlich in dem nur von einer Haushälterin bewachten Haus ein und wurde ins „Flügelzimmer" eskortiert. Dort wartete ich in verständlicher Spannung einige Stunden, allein wie ein Tiger im Käfig den Raum mit grossen Schritten durchmessend, wartete auf jenen Mann, dessen Beinamen „Jupiter" ich längst von anderer Seite vernommen und als recht passend in meiner Vorstellung von ihm übernommen hatte. Wie es nach langem Warten so geht, hörte ich erschrocken hin, als Türen ins Schloss fielen und Schritte sich näherten: Schon öffnete sich die Zimmertür. Etwas eilig und von der Probe müde, mit sehr verschlossenem Blick trat der große Mann mit dem schmalen Gesicht und dem langen Hals, wie ich ihn längst kannte, ein. Er gab mir lose die Hand und sagte ganz überflüssig „Furtwängler", um sich ohne Umschweife an den Flügel zu setzen, auf dessen Pult mein Exemplar der „Vier Ernsten Gesänge" von Johannes Brahms platziert war. Er fing sofort an, das Anfangsmotiv in d-Moll zu spielen, und in meiner halb zu ihm hin gewandten Stellung konnte ich sehen, dass sich sein Gesicht noch keineswegs geöffnet hatte. Erst als ich in der Anfangszeile bei den Worten „wie dem Vieh" angelangt war, spürte ich ein gewisses Aufmerken, auch eine Änderung zum Tonschönen in seinem Spiel, was mich ungeheuer anfeuerte. Wir musizierten alle vier Gesänge ohne Unterbrechung, worauf er sich erhob, mir mit gütigem Blick ein „Danke“ zuraunte, mich an der Hand nahm und vor das Haus zog, wo Frau Elisabeth Furtwängler im Volkswagen wartete und wir uns zu ihr erstaunlich leicht in das enge Auto zwängten. Diese Art von Kleinwagen schien ihm im Verkehrsgedränge der Festspiele wahrscheinlich geeigneter, erst recht bescheidener als die amerikanischen Strassenkreuzer, mit denen italienische Sänger vor das Festspielhaus glitten.

Elisabeth Furtwängler hat später erzählt, wie sie sich mit ihrem Mann über mich unterhielt, dass der Meister sich nicht allzu viel von einem jungen Anfänger versprach, der sich an ein Werk machte, das er selbst für eines der besten des von ihm so verehrten Johannes Brahms hielt. Es sei ihm im Moment so vorgekommen wie bei manchen der jungen Pianisten, die durchaus gleich zu Beginn Beethovens op. 111 spielen wollten. Hinzu kam die Verwunderung, „dass ein so junger Mensch (ich war fünfundzwanzig) schon so genau weiß, wie man so etwas singt!“ Dann, nach kurzem Überlegen: „Aber ich habe es in dem Alter schließlich auch gewusst!“

In einem Schlösschen in Aigen angekommen, trottete ich mit den beiden die Treppe hinauf, an deren Ende mit erregtem Gesicht und voller Spannung der Klarinettist de Bavier wartete, mit dem vor kleinem Kreis musiziert werden sollte. Zu seiner maßlosen Enttäuschung winkte Furtwängler nur ab und strebte mit mir dem kleinen Behelfspodium zu. Es kam die geflüsterte Frage: „Außer dem Brahms noch etwas anderes?“ Ich flüsterte zurück: „Die Harfner-Gesänge von Wolf!“ Jemand suchte blitzschnell in den Notenbergen, die in der Nähe des Flügels lagen, und so fingen wir denn an. Das Glück, mit Jupiter zu singen, beflügelte mich, und die Darbietung gelang auch ganz annehmbar. Der Egoismus des Anfängers vergaß alles um sich herum, von einem schlechten Gewissen dem berühmten Klarinettisten gegenüber keine Spur. Nach den letzten Tönen des Wolf nahm Furtwängler flüchtigen Abschied von den anwesenden Damen, trank nicht einmal den ihm angebotenen Tee, sondern zog mich hinter eine Portiere, um mir das Angebot zu machen, im kommenden Winter Brahms „Deutsches Requiem“ in Wien unter ihm zu singen. Zugesagt und getan.

EIN DEUTSCHES REQUIEM

Am 24. und 25. Januar 1951 und am Probentag vorher war es dann so weit. Das winterliche Wien spielte bei diesem Besuch zwar eine anheimelnde, aber nicht die wichtigste Rolle. Vor der Probe wie vor den Aufführungen stand ich neben dem verschneiten Brahms-Denkmal, an dem man auf dem Weg von der Pension zum Musikverein vorbei muss, für einen Moment still – für ein Stoßgebet. Der nachdenklich sitzende Brahms erhörte mich, und die Probe, gemeinsam mit der wunderbaren Irmgard Seefried, ging ohne Beanstandung vorüber. Im Gegenteil, ich meine, Jupiter ging ausgesprochen beruhigt in diese Konzerte. Er sagte nicht viel zu den Symphonikern, die sich Willi Boskowski als Konzertmeister von den Philharmonikern ausgeliehen hatten. Und wie er alles gern aus dem Nichts entstehen sah, so rang er mit dem zutreffenden Ausdruck bei den ersten gesanglichen Linien der tiefen Streicher, weil er sie besser phrasiert haben wollte, um dann leise anzumerken: " Spielen Sie ... schön!" So ungefähr das auch klingen mag, es entspricht genau dem demokratischen Zentrum, das eigentlich in jeder Interpretation Furtwänglers – wichtiger als die Ausübung von Macht, als das Beeinflussen der Musiker in diktatorischer Weise – zu spüren war; ein Freiraum, den er gern den anderen und sich selber zugunsten einer Spontaneität offen liess, die ihm neue Möglichkeiten offenbarte. Ihn empfand er offensichtlich auch als notwendig für die Gestaltung im Augenblick der Wiedergabe.

Es gibt von diesen Konzerten ein höchst merkwürdiges Memento in Form eines gemischten Mitschnitts aus zwei ganz verschiedenen Wiedergaben, einer in Stockholm und einer aus dem gleichen Jahr in Wien, die zeitlich nahe beieinander lagen. Irgendein Liebhaber hatte sich ziemlich willkürlich ein Ragout zusammen geklebt, das mit divergierendem Orchester und Chor, vor allem aber mit zwei stilistisch konträren Baritonisten aufwartet. Weder Bernhard Sönnerstedt noch meine Wenigkeit kommen dabei auf ihre Rechnung. Und bei dieser unvollkommenen Mixtur ist es dann geblieben, nachdem das Tonband bei irgendeiner von den vielen „Schwarzfirmen" gelandet war.

Gern bin ich nie zu Nachsitzungen gegangen, aber als die temperamentvolle Irmgard Seefried uns alle aufforderte, doch bitte das Ganze im Gösser-Bräu ein wenig ausklingen zu lassen, war es um meinen sorgenvollen Widerstand (wegen des Weitersingens am kommenden Tag) geschehen. Es ergaben sich sogar interessante Gespräche, die sich mit jenem Hector Berlioz beschäftigten, den Furtwängler gerade in Luzern mit „Fausts Verdammnis" zelebriert hatte.

Eigentlich wollte er mich ganz schnell nach den Salzburger Erfahrungen auch aus diesem Werk den Mephistopheles singen lassen, merkte aber gleich an, Hans Hotter sei für die Partie engagiert. Er habe ihn seit den Vorkriegsjahren nicht mehr erlebt und müsse ihn sich noch einmal anhören. Einige Tage später hielt ich das Telegramm aus dem Olymp in der Hand: „Hotter noch sehr gut. Muss Ihnen absagen!"

Die Eindrücke allerdings, die er neuerlich von dem Werk empfangen hatte, schienen ihn nicht sonderlich befriedigt zu haben. Ich wandte in der Unterhaltung alle List an, um wenigstens ein paar gute Haare an dem grossen Neuerer unter den Romantikern zu lassen. Jupiter gab mir dann – im Blick auf die „Phantastische Sinfonie" und die gerade mehrmals geleitete Ouvertüre „Römischer Karneval" – etwas widerwillig nach.

BEWÄHRUNG MIT DEN WIENER PHILHARMONIKERN

Aus Salzburg kam schon Ende des Sommers die erstaunliche Einladung, bei den Festspielen mit den Wiener Philharmonikern aufzutreten. Wie ich ja überhaupt bei den wesentlich kürzeren Anfragezeiten damals meist nur staunte. Ich solle ein Werk meiner Wahl nennen. Es fielen mir sogleich die „Lieder eines fahrenden Gesellen“ von Mahler ein, die ich nicht lange zuvor sehr schön von dem nach Holland emigrierten Hermann Schey hatte singen hören. Sehr viel mehr Repertoire für Bariton und Orchester gab es nicht. Alles, was später von Stücken in dieser Besetzung auf mich einstürmen würde, lag noch in weiter Ferne. Dass das Mahler-Werk zum ersten Mal einstudiert werden musste, an dieser Stelle und mit diesem Dirigenten, bereitete mir Leichtsinnigem wohl nicht allzu viel Beschwerden. So nahm ich noch während der Ferien am Mondsee Kontakt zu einem äusserst freundlichen Siemens-Angestellten aus Erlangen auf und fing mit seiner dilettantischen Begleitung an einem privaten, verstimmten Pianino an, einen Begriff von diesem Stück auch über den Lese-Eindruck hinaus akustisch zu destillieren.

Im nächsten Sommer hatte Furtwängler einige ungute Erfahrungen in Bayreuth hinter sich, deren musikalische Gesamtleitung ihm von Wolfgang Wagner angetragen worden war. Da aber gab es einen „Herrn K.“ (Herbert von Karajan), der es verstand, ihm den „Ring“ und den „Tristan“ abspenstig zu machen, nach einem Hin und Her von „Ja“ und „Nein“ auf Furtwänglers Seite, von dem schließlich nur mehr Beethovens Neunte als Eröffnungskonzert übrigblieb. Immer hatte ihn der Gedanke geschreckt, es könne aus dem Festspiel für Wagner ein Festspiel für Karajan werden, womit er im fraglichen Jahr zweifellos recht hatte.

Es kam noch eine harmlose Kalamität in jenem Sommer 1951 hinzu, da sich Furtwängler in der Pension Waldburg in Salzburg-Aigen einquartiert hatte, in der sich auch das Ehepaar Thomas und Katja Mann mit Tochter Erika für drei Tage recht wohlfühlte. Die Manns waren zu einem Konzert von Bruno Walter gekommen. So wenig sie auch von Furtwänglers erstaunlicher Wiedergabe des Verdischen „Othello“ erwarteten, nämlich eigentlich ein komplettes Fiasko, bot man ihnen zudem so miserable Plätze an, dass sie die Vorstellung bei der ersten Gelegenheit verliessen. Sie haben einen Triumph der besonderen Kunst des Begleitens in Furtwänglers Opernwiedergaben versäumt. Die drei Manns waren nicht gut auf Jupiter zu sprechen und man mied sich nach Kräften.

Beim zweiten wichtigen Ereignis – alles nach Bewältigung einer umfangreichen Italien-Tournee mit den Berlinern und keiner Erholungspause danach -, konnte ich in einer der letzten Reihen Mäuschen bei der „Zauberflöte“ spielen. Im Vorjahr hatte es dieser Inszenierung wegen viel Ärger und Diskussionen gegeben, denn im Festspielhaus lief auch Alban Bergs „Wozzeck" unter Karl Böhm mit Josef Hermann in der Titelrolle und konkurrierte mit reichlicher Probenzeit im Festspielhaus, erntete aber bei dem schon damals musikalisch zu konservativen Publikum keinen Widerhall, sondern führte zu einem katastrophalen Finanzdefizit.

Wohl auch deshalb empfand man das Programm für den 29. August (Mendelssohns Hebriden-Ouvertüre, Mahlers „Lieder eines fahrenden Gesellen" und Bruckners 5. Symphonie) als eine Art Lichtblick. Furtwängler probierte praktisch nur an einem Vormittag, die Musiker verständigten sich schnell, wenn auch mitunter lautstark redend, was mich empörte. Ich sass in einer der ersten Reihen und wartete, bis ich drankam. Plötzlich drehte sich Jupiter um und fragte ziemlich barsch: „Wer ist denn das da?" Publikum sollte es in dieser einzigen Probe keines geben. Und er sah im Eifer des Gefechts nicht mehr als einen menschenähnlichen Zuhörer in den leeren Reihen des Parketts. Über meine Identität aufgeklärt, ging es mit der Probe weiter, ohne dass sich irgendwelche Schwierigkeiten des Zusammenarbeitens ergaben. Ich war stolz, mein Stück im Kopf zu haben, und Furtwängler meinte, als er die Lieder in der Pause auf einem Pianino aus der Partitur durchspielte: „Ist doch eigentlich ganz schön. Ich habe es vor vielen, vielen Jahren in München mit Heinrich Rehkemper mal gemacht, da hatte ich keine so gute Erinnerung. Zu Mahler habe ich sonst kein Verhältnis!" Eigentlich kam mir das merkwürdig vor beim Blick auf die vielverwandte, berufliche wie schöpferische Nähe von beiden – Kapellmeistern. Noch hatte die große Mahler-Renaissance durch Bernstein nicht begonnen.

Nach Schluss des Konzertes verlautete, die Leute hätten mehr über den jungen Anfänger aus Berlin gesprochen als über den in meinen Augen großartig gelungenen Bruckner. Das konnte ich nicht verstehen, denn mir war als bestürzend einfache Lösung durch den Dirigenten aufgefallen, dass alle so gern „stehenden" Stellen in der Bruckner-Symphonie mit winzigen Tempowechseln, meist über längere Strecken, aufgefangen wurden, leicht und unmerklich. Und dass Furtwängler ausnahmsweise mit seiner eigenen Leistung zufrieden war, konnte seine Feststellung bezeugen: „Diese Symphonie ist doch eigentlich die beste von Bruckner!"

Seither verstand ich besser, worum es sich bei dieser Conclusio handelte, denn in den dreißiger Jahren war Furtwängler so etwas wie ein Schüler des Wiener Musikwissenschaftlers Heinrich Schenker geworden, mit dem er in jeder freien Zeitspanne Probleme des Überwindens von langen symphonischen Entwicklungen, des Erkennens von Ausgangs- und Zielpunkten einer Phrase, diskutiert und gelernt hatte. Dem Einfluss des Wiener Musiktheoretikers ist wohl zuzuschreiben, wie bewusst „architektonisch" die Zeitmaße des Dirigenten von da an gebaut waren.

Schenkers Buch über Beethovens Neunte hatte starke Anregungen vermittelt, ja, in interpretatorischer Hinsicht verändernd gewirkt. Es faszinierte Furtwängler, der bis dahin zur Musik rein gefühlsmäßig eingestellt war, dem alles Analytische nicht lag, mit welcher Bewusstheit der

Gelehrte den Gesetzen eines Satzes nachging und Folgerungen daraus zog.

Als Schenker in den dreißiger Jahren gestorben war, wies Furtwängler essayistisch auf die Bedeutung des Mannes hin, machte aber auch die Schwächen seiner immer überspitzter sich gebenden Theorien deutlich, die kaum von klaren Hinweisen untermauert schienen. Dass ihm Schenker später ob seiner Ablehnung alles Zeitgenössischen, ob seines maßlosen Polemisierens gegen die Fachwissenschaft verdächtig erschien, verhinderte zum Glück nicht, dass Furtwängler „Modernes“ weiterhin dirigierte. Freilich mag ihn in manchen Fällen die Überzeugung bewogen haben, der Dirigent müsse Verpflichtungen in sich verspüren, so etwas aufzuführen. Viele seiner Wiedergaben neuer Werke sind noch auf Platten erhalten und zeugen davon, dass er jenen Interpreten nicht zuzurechnen ist, die alles Neue als höheren Schwindel abtun. Allwissenheits-Wahn und Ablehnung aller Kollegen bei Schenker kam Furtwängler reichlich abstrus vor, was er in einem Artikel über den eigenwilligen Wiener festhielt. In Salzburg meinte er, erst jetzt habe er die Nutzanwendung der einstigen Ratschläge verbuchen und umsetzen können.

Anhand des Mitschnitts unseres Konzerts, den zunächst – wie so oft – die Japaner auf Platten veröffentlichten, lassen sich die Erinnerungen bestätigen. Das Scherzo zwang Furtwängler in ein Tempo, das anderen nur schwer begreiflich schien. Die weit ausgreifende Fuge zeigte nicht den geringsten Anflug von vorbereiteter Absicherung; das Ganze bekam ein Brio, das einem musikalischen

Drama glich. Manche Einwände, die man schon damals hören konnte, solche Tempofreiheiten seien hier nicht am Platze, fielen vor solcher Suggestivität des Dirigenten in sich zusammen. Die mitunter schwer nur aus der Struktur herauszulesende Funktionalität Bruckners konnte so eindrucksvoll nur einer demonstrieren, der es in der Art Furtwänglers vorführte.

DER VERPASSTE FIGARO

Noch im selben Jahr erreichte mich die Einladung zu einem weiteren Wirken mit Jupiter. Paul Schöffler fühlte sich etwas zu alt für die neuerliche Übernahme des Grafen Almaviva in einer Neuproduktion des „Figaro" in Salzburg, den Furtwängler in deutscher Sprache herausbringen wollte. Die Zusage machte mir so viel Bedenken, dass ich unter tausend Seufzern schließlich absagte. Das Stück wieder in deutscher Sprache zu singen, mich auch als Neuling in das berühmte Wiener Mozart-Ensemble Schwarzkopf-Seefried-Kunz-Schöffler zu drängen, bescherte mir Angstträume. Ich wollte die Partie erst auf der Heimatbühne öfter gesungen haben. Noch ahnte ich nicht, wie gerne ich schon nach drei weiteren Jahren den Salzburger Einladungen folgen und den Grafen unter Karl Böhm, immer mit schlechtem Gewissen, dann mehr als ein Jahrzehnt lang in italienischer Sprache singen würde. Von der Leichtherzigkeit, wie heute Gastspiele dieser Art angenommen und oft nicht bestanden werden, hatte ich keine Ahnung. Furtwängler verstand und verzieh gütig, liess es mich aber auch nicht wieder gutmachen. Dass ihn der Schock eines kompletten Zusammenbruchs während der Proben in Salzburg niederwerfen würde, konnte niemand voraussehen. Nach notdürftiger Erholung blieben ihm nur noch zwei knappe, arbeitsreiche Lebensjahre.

TRISTAN

Sicher bewog ihn zur Nachsicht bei meiner Absage, wie fruchtbar sich direkt davor, nämlich schon im Juni 1952, unser Zusammentreffen in London gestaltet hatte. Es ging um „Tristan und Isolde", um ein Werk Richard Wagners, das Furtwängler als ungeeignet für eine Plattenaufnahme hielt. Immer schon konnte man ihn nur schwer zu Aufnahmen bewegen, und fanden sie schließlich statt, entsetzte ihn meist der Abstand zur eigenen interpretatorischen Absicht. Das verwundert um so weniger, als gerade bei Furtwängler der katalytische Eindruck eine übergroße Rolle spielte. So etwas konnte die Technik nicht transportieren. Und doch: Wir erfahren immer nur einen von vielen unterschiedlichen Gnadenmomenten, aber doch einen Abglanz der immensen Innerlichkeit, mit der sich Furtwängler auseinandersetzte. Jene Problematik, die zu Tonaufnahmen ganz allgemein gehört, betraf Furtwängler folglich mehr als andere, weshalb er auch so ungern seine Aufnahmen abhörte.

Diesmal war es ihm aber sehr ernst um ein vollständiges Gelingen dessen zu tun, worum es ihm in der Hauptsache ging. Seinem Freund und einstigen Bayreuther Helfer, dem Bühnenbildner Emil Preetorius gegenüber äußerte er es im Jahr 1954 auf diese Weise: Erst wenn man Wagner von allem Bühnengeschehen ablöse, werde es möglich sein, die ganze Bedeutung, die ganze Eigenart und Gedankenfülle seiner musikalischen Schöpfung zu erfassen, so sehr das, wie er zugeben müsse, Wagners Grundidee zuwiderlaufe. Ohne dass ich es ahnte, war er im Zuschauerraum, als ich in Bayreuth (gemeinsam mit Gré Brownstein, Ramon Vinay und Josef Greindl) meinen ersten Wolfram sang. Diese „hervorragende musikalische Darbietung" (unter dem von ihm besonders geschätzten Joseph Keilberth) habe er nur mit geschlossenen Augen voll in sich aufnehmen können. Je höher die Musik eines Opernwerkes stehe, um so weniger komme sie zur rechten, vollen Geltung, wenn sie gekettet bleibe an den allzu mannigfach absorbierenden Bühnenapparat.

Noch in Berlin schickte er einen Wagen vor meine Haustür, um mich in seine Dahlemer Wohnung fahren zu lassen. Ich hatte wieder einmal Bedenken geäußert, der Kurwenal liege mir doch gar nicht, sei viel zu heldenbaritonal und außerdem einige Jahre vor der Zeit an mich herangetragen. Gleich nach der Begrüßung fühlte sich Furtwängler bemüßigt, wie um jeglichem Misslingen seines Vorhabens die Spitze zu nehmen, den Satz zu sagen, den sicherlich viele von ihm hörten: „Ich bin eigentlich gar kein Dirigent, sondern Komponist!"

Der junge Wilhelm hatte zunächst auf den Beruf des Malers hin gelebt. Aber er beendete seine Zeichen- und Malkarriere, als er plötzlich beschloss, Komponist zu werden. Man kann es nicht anders sagen, denn kaum hatte die Mutter ihm auf dringliches Bitten hin die Klaviatur samt dem Unterschied zwischen schwarzen und weißen Tasten erklärt, legte er mit dem Klimpern los. Die erste Klavierlehrerin, Tante Minna, staunte, als der Junge aus der Hosentasche nicht bloss Taschenmesser, Bindfaden, Muscheln, Steine und Regenwürmer hervorholte, sondern auch Fetzen von Notenpapier mit Notizen erster Einfälle. Ein Wunderkind also?

Mit sieben Jahren komponierte er ein Klavierstück, das „Stückchen von den Tieren", mit neun ein Lied „Versiegte Tränen", mit elf gar ein Oratorium. Ein Jahr später setzte er Goethes „Erste Walpurgisnacht" in Musik und wusste natürlich noch nichts von Mendelssohns Vertonung. Er wollte nicht etwa alles besser wissen und fiel seiner Umgebung keineswegs auf die Nerven. Er war vielmehr lustig und sorglos, verbrachte ganze Tage im Segelboot auf dem Tegernsee oder strich durch die weiten Wälder. Einer seiner Privatlehrer, der später berühmte Archäologe Ludwig Curtius, erzählte von ihm, er sei ein guter Tennisspieler, ein glänzender Skiläufer gewesen. Seine Geschwister und die Kinder der Umgegend habe er bei Indianerspielen gewöhnlich angeführt.

Der junge Furtwängler war gesonnen, keine anderen Götter neben der Musik zu dulden. Einmal schrieb er von der „furchtbaren Unbedingtheit" Beethovens, von der er selbst als Jüngling schon viel in sich spürte. Je mehr er sich in Beethovens Werk vertiefte, um so mehr erschütterte es ihn. War das überhaupt noch Musik? Der junge Furtwängler lebte in dieser Welt und sollte sie nie wieder verlassen. Er wollte Komponist werden, und zu diesem Entschluss brauchte es keiner Bestärkung durch Beethoven.

Er genoss Unterricht im Generalbass und Partiturstudium, in Formenlehre und Instrumentation. In Kontrapunktstunden war er geschult worden und hatte Fugen wie Doppelfugen geschrieben. Er konnte eine Sonate bauen, als sei es ihm zugeflogen. Und unaufhörlich fiel ihm etwas ein, Themen, die charaktervoll zu Durchführung und Abwandlung verleiteten.

Konnte einer vom Komponieren leben? Was Furtwängler von den meisten Mittellosen in Geschichte und Gegenwart abhob, war der Vorteil, aus einer großbürgerlichen Familie zu stammen. Dennoch machte er nicht leichtherzig Schulden. Gewisse bürgerliche Gesetzmässigkeiten streifte er nie ab. Als er einmal im Leben nach dem Zweiten Weltkrieg Geld leihen musste, fiel ihm das trotz einer Anzahl von Freunden, die es ihm gerne vorgestreckt hätten, sehr schwer. Jetzt, mit zwanzig Jahren, beschloss er erst einmal, Geld zu verdienen, um unabhängig zu bleiben. Ein entfernter Verwandter verschaffte ihm eine Stelle als Korrepetitor am Stadttheater Breslau. Hier führte dann der mit ihm verwandte Dirigent Dohrn Furtwänglers „Te Deum" zum ersten Mal auf, konnte aber die Erste Symphonie nicht vor einem totalem Misserfolg schützen.

1937 stellte Furtwängler endlich selbst zwei Werke der Öffentlichkeit vor, und ich war als Zwölfjähriger dabei. Nach jahrelangem Kampf um die endgültige Form führte er das "Symphonische Konzert" mit Edwin Fischer als Solisten in verschiedenen Städten auf, im Lauf der nächsten Jahre einundzwanzig mal. In Berlin hätte der Pianist ganze Koffer gebraucht, um seine vielen, hörbar falschen Noten aufzusammeln. Sehr viel später, als ich meinen ersten New Yorker Wolf-Abend mit ihm einstudierte, lernte Daniel Barenboim das sagenhaft überladene Stück gerade auswendig. Mitten in den Oktaven-Kaskaden des "Feuerreiter" unterbrach er und stürzte zu einem Tischchen, auf dem die Partitur des Furtwänglerschen Werkes aufgeschlagen lag. Er wollte das Konzert mit Zubin Mehta in Los Angeles auswendig spielen. Nach einem hastigen Blick rannte er zurück zu mir und rief: "Go on!" Das nennt man mehrgleisiges Denken! Ich hörte dann die Aufnahme, die ohne eine falsche Note auskam...

Mit dem Geiger Kolberg gab es vor dem Krieg noch die Sonate für Klavier und Violine in d-Moll. 1940 folgte eine zweite Geigen-Sonate in D-Dur mit Georg Kulenkampff. Der große Publikumserfolg widersprach dem Schwierigkeitsgrad für die Ausführenden und konnte sicherlich überwiegend der Ausstrahlung des berühmten Mannes am Flügel zugeschrieben werden. Beide Sonaten erschienen im Druck, dem Studium zugänglich. Später sagte der Komponist selbst, er sehe ein, sie seien recht kompliziert zu spielen... Das geschah vermutlich, als er mit Carl Flesch in London alles noch einmal durchnahm und erkennen musste, dass selbst dieser Meister mit den Stücken nicht zurechtkam. Von einigen Stellen abgesehen, gründen die Schwierigkeiten in der großartigen Konzeption, die erkennen läßt, dass die drei letztgenannten Werke zusammengehören. Was sie "aussagen", stammt aus der gleichen, im melodischen Charakter rein romantischen Welt, aber eben erweitert durch viele seither gewonnenen Erfahrungen.

1945, bei Kriegsende, damals also seit ziemlich langer Zeit, hatte niemand mehr etwas vom Komponisten Furtwängler gehört. Eine Tatsache, an der viel herumgerätselt wurde. Natürlich sahen die Skeptiker darin den Beweis, das Komponieren sei eben Furtwänglers Sache nicht, was insofern nahe lag, als er sich nach außen in jähem Aufstieg den ersten Platz unter deutschen wie europäischen Dirigenten erobert hatte. Wie hätte er Zeit zum Komponieren finden sollen? Nichtsdestoweniger beschäftigten ihn unentwegt Entwürfe zu neuen Werken, und wenn er im Sommer zu kurzen Ferien ins Engadin kam und Noten schrieb, äußerte er in Briefen, sein Talent zum Dirigieren sei im Grunde sein Unglück und er merke jetzt erst, wie leicht sich das Leben als Dirigent doch ausnehme, wenn man es mit den Qualen der Arbeit an eigenen Werken vergleiche. Dass er sich als Komponist fühlte, immer als Mitleidender an Musik herantrat, machte den Unterschied seiner Wiedergaben zu denen der Nur-Interpreten aus : Ein Leben lang ging das Komponieren als energisches Agens in sein Dirigieren ein.

Hindernd kam zur Erschöpfung hinzu, dass ihn in den ersten Jahren dieser Entwicklung schwere, mit Kopfschmerzen verbundene Schlaflosigkeit plagte, die vielleicht in der Unruhe seines Lebens, vielleicht auch in den Mahnungen seines schöpferischen Gewissens gründete. Sicher ging das so weit, dass er in den Triumphen Zuflucht suchte, die er als Dirigent leicht errang, so ernst er auch andererseits die ihm aufgegebene Mission nahm, den Hörern in der ganzen Welt eine neue Geistigkeit darzubieten. Vermutlich vernahmen einige Frauen, die ihm damals nahestanden, immer wieder einmal aus dem Nebenzimmer Töne von dem, woran er arbeitete – aber nur sie. Allemal waren sie von der hoffnungslosen Trauer in seiner Musik erschüttert.

Im Sommer 1932 hatte er Walter Riezler in Bansin Fragmente eines noch unvollendeten Klavierquintetts vorgespielt, einige Jahre später in Potsdam das ganze Werk, bald darauf im Engadin auch das ausufernde „Symphonische Klavierkonzert". Bedrängende Gewalt, eine Gestaltungskraft, der es nur schwer gelang, die überdimensionierten Sätze in geschlossene Form zu zwingen, spricht aus den übersteigerten Klängen. Selbständig und eigenartig, vielleicht in etwa Pfitzner verwandt, steigert sich der Ausdruck ins Übermächtige. Das mag uns an die innere Bindung Furtwänglers an Michelangelo während seiner Jugendjahre in Italien erinnern, während der Ferien mit dem Bildhauer Adolf von Hildebrand und seiner Familie; und deshalb erscheint es uns als wahrscheinlich, ihm habe so etwas wie eine Musik aus der Welt jenes unheimlich gewaltigen Künstlers vorgeschwebt. Immer aber, das lässt sich behaupten, steckte der Wille dahinter, Schmerz, Sehnsucht und Ernst auszudrücken. Wenn er sein Quintett spielte, so wirkte es keineswegs als Kammermusik, sondern eher orchestral-symphonisch. Und wenn ihm jemand zu verstehen gab, es würde nicht viele Menschen geben, die dieser Katastrophenmusik gewachsen seien, lautete seine Antwort: „Ich bin eben ein Tragiker!" Nichts bedeutet seine Musik weniger als „Kapellmeistermusik", die ja immer dann zusammengebraut wird, wenn ein Könner nichts zu sagen hat. Furtwängler wollte so viel sagen, dass es oft überladen wirkt.

Aber zurück zu mir! In der Folge versuchte Furtwängler nach allen Regeln der Überredungskunst, mir die Sache „Tristan“ schmackhaft zu machen. Ich bräuchte ganz sicher kein einziges Mal zu forcieren, sondern mich nur seiner diskreten Begleitung anzuvertrauen und bei der natürlichsten Tongebung zu bleiben. Es lässt sich denken, dass ich die Wohnung als ein besorgter Besiegter verließ. Als sich Josef Greindl, der seiner Zuverlässigkeit wegen engagierte Sänger des König Marke, mit mir nach einer schlafarmen Nacht aus dem dunklen, schmucklosen, damals noch häufig in England anzutreffenden „Altweiber“-Hotel zum Aufnahme-Ort, der Kingsway Hall, chauffieren ließ, fragte ich mich: „Spricht Jupiter englisch? Sagt man nicht, er könne mit ihm fremden Orchestern nicht umgehen?“

Walter Legge, Schöpfer des Philharmonia Orchestra und recht einsamer Großmächtiger im Schallplatten-Gewerbe, hatte es geschickt eingefädelt. Er engagierte Furtwängler kurz zuvor für andere Werke, um eine gewisse Vertrautheit mit dem ihm fremden Klangkörper vor der großen Aufgabe herzustellen. Kirsten Flagstad, unsere Isolde, hatte schon den Schluss der „Götterdämmerung“ unter ähnlichen Bedingungen dort mit ihm aufgenommen. In der Tat hörten wir kaum ein englisches Wort aus Furtwänglers Mund, dafür sahen wir die klarste und ablesbarste Gebärdensprache, bei der so gut wie nichts schiefging.

Eine wie üblich nicht ganz zutreffende Meldung erstaunte. Der von mir verehrten und stimmlich immer noch extraordinären Altistin Margarethe Klose sei die

Brangäne im letzten Moment weggenommen worden und dafür Blanche Thebom auf Empfehlung von Kirsten Flagstad von der Met nach London gekommen. Ob es stimmt, was ein Orchestermitglied verbreitete, dass nämlich ein Titelbild der Zeitschrift „Vogue" die Dame als Ortrud mit bodenlangem, eigenem roten Haar gezeigt und Furtwängler daraufhin unbedingt einen Besetzungswechsel gefordert habe, bleibe dahingestellt. Leider sang sie in großen Teilen ihrer Partie zu tief. Jedenfalls schien er von der Verliebtheit in die Dame derart absorbiert, dass kaum je ein Wort allgemeinen Interesses von ihm kam.

Was nun die Isolde der Kirsten Flagstad angeht, so hatte ich sie bereits auf der Bühne in Covent Garden gehört und mich ein wenig an der gleichförmigen Forte-Haltung gestoßen, die sie – wohl aus Durchstehgründen – die ganze Vorstellung über beibehielt. Freilich war die 59jährige stimmlich immer noch die weitaus beste Besetzungsmöglichkeit.

Bis in die Mitte der dreißiger Jahre wurde auch in London Frieda Leider als die wie selbstverständlich bevorzugte Isolde engagiert. Der Nazis wegen rückte die Flagstad an ihre Stelle, die Furtwängler bei der Coronation Season 1937 kennengelernt hatte und arbeitete fortan vornehmlich mit ihr, der Norwegerin. Zwei Jahre zuvor, 1949, hatten sie beide die „Vier letzten Lieder" von Richard Strauss posthum uraufgeführt. Ähnlich wie Furtwängler hatte man sie der Kollaboration mit den Nazis geziehen, das war vergessen. Freilich machte Furtwängler ihr das Engagement schwer, denn er stellte die Bedingung, nur mit Lawrence Collingwood als Aufnahmeleiter zusammenzuarbeiten, der ihm besser als der stetig kritisierende und verbessernde Walter Legge geeignet schien, „ungestört“ zu arbeiten. Da hatte er sich aber getäuscht, denn ohne Legge weigerte sich wiederum die Flagstad aufzunehmen.

Jetzt setzte sich die freundliche Großmama häkelnd auf ihren Stuhl und wartete seelenruhig ihre Gesangsstrecken ab. War sie an der Reihe, stand sie etwas breitbeinig und stemmte in gleichförmiger Weise ihre schönen Volltöne ins Mikrophon, ohne sich viel um Details zu kümmern. Zumindest schmerzte es mich, eine deutliche Diskrepanz zu Furtwänglers Bedeutungsschwere und Gedankenreichtum zu spüren. Stimme und Orchester gerieten eigentlich nicht kompatibel, sondern eher additiv. Was nichts gegen die Macht und makellose Führung von Flagstads Tongebung sagt, wie sie ihr auch bei dieser, ihrer letzten gesanglichen Aufgabe, vier Jahrzehnte nach ihrem Debüt zur Verfügung stand. Allerdings fielen ihr einige Spitzentöne gegen Schluss des Liebesduetts im 2.Aufzug schwer, und es wurde insgeheim eine Sitzung von drei Stunden dafür anberaumt, dass ihr Elisabeth Schwarzkopf die missratenen Töne aufs Band sang.

Den positivsten Eindruck machte auf mich der nun auch nicht mehr junge Ludwig Suthaus als Tristan, der sich vielfach bei Furtwängler-Aufführungen als fehlerfreier Wagner-Sänger bewährt hatte und auch schon in der Berliner Städtischen Oper mein bewunderter Partner als Tannhäuser gewesen war. Mit staunenswerter Bereitwilligkeit, wenn auch gelegentlich seufzend, fügte er sich in das Furtwänglersche Aufnahmeprinzip, immer vollständige Viertelstunden ohne Unterbrechung aufzunehmen und zur Absicherung zwei weitere Ganzfassungen anzuhängen. Das musste, besonders im 3. Akt, eine zusätzliche Belastung für die Stimme bedeuten. Aber es bewahrte die vom Dirigenten ersehnte Atmosphäre, und Suthaus genügte ihr vollständig. Freilich fühlte ich mich hier wie im Berliner „Tannhäuser“ hilflos der Tatsache ausgeliefert, dass mein noch schmaler Bariton streckenweise leichter und höher klang als seine baritonal getönte Heldentenorstimme.

AUFNAHMESITZUNG MIT MAHLER

Vielleicht gelang die Fertigstellung unserer Tristan-Aufnahme auch wegen des Vermeidens von kleinen Korrekturen in den größeren „Takes“ wegen so rasch und problemlos, dass wir das Stück eine Sitzung früher abgeschlossen hatten. Ich hatte am letzten Nachmittag die Strecken des Kampfes und Kurwenals Tod zu bewältigen und befand mich am kommenden Vormittag nicht in sehr pianofreudiger Singlaune. Umso mehr bestürzte mich gleich morgens nach der Begrüßung Furtwänglers leicht hingeworfener Vorschlag, doch die Zeit zu nutzen und Mahlers „Fahrenden Gesellen“ aufzunehmen. Ich dachte nicht lange nach, vielmehr erinnerte ich mich an die Maxime meines Lehrers Hermann Weißenborn: „Man muss Sie nachts um drei wecken können und sofort eine einwandfreie Darstellung der „Winterreise“ von Ihnen bekommen!“ Das half mir bei dem Parforce-Ritt, alle vier Mahler-Gesänge in dieser einen Schlusssitzung aufs Band zu zaubern, Aufnahmen, die noch heute (trotz ihrer recht breiten Tempi) gekauft werden.

Nicht lange danach erwartete mich Bruno Walter in London zu diesen Stücken und zeigte sich entsetzt über die von Furtwängler mitgebrachten Tempo-Lethargien. „Sie dürfen eine gewisse Nervosität bei Mahler niemals außer acht lassen, der Mensch hatte keine Ruhe in sich!" Nun, ich fühlte mich auch in Walters Zeitmaßen recht wohl, so dass er mich als bekehrt für sein Brahms-Requiem in Edinburgh engagierte. An jenem Abend in der Usher Hall saß Furtwängler im Publikum, in der ersten Reihe des ersten Ranges, und an einer pianissimo vorzutragenden Stelle hörte ich ihn, für alle vernehmlich, zu Frau Elisabeth zischen: „Die Tempi sind viel zu schnell!" Und eine ähnliche Diskrepanz wurde deutlich, als sich nach dem Konzert beide Dirigenten zum ersten Mal seit Vorkriegstagen im Künstlerzimmer trafen und der erschöpft im Sessel hockende Walter wissen wollte, wie es denn gewesen sei. Furtwänglers Antwort kam schnell: „Der Schluss der Haydn-Variationen hätte etwas grandioser sein können!"

PROBLEME

Thomas Mann hatte gehässig, wenn auch von seinem Standpunkt aus nachvollziehbar, von der „machtgeschützten Innerlichkeit" Furtwänglers gesprochen. Jupiter hatte sich in der Tat 1933 gründlich getäuscht, hatte übersehen, wie seine konservative Einstellung sich in Teilen mit der Nazi-Ideologie zu decken drohte. Missverständlich äußerte er: „Warum sich das autoritäre System notwendig mit der Zeit durchsetzt? Es entspricht menschlichem Wesen, dass der Mensch schrankenlose oder auch nur zu große Freiheit nicht verträgt." (4) Noch 1949, als längst alle deutschen Verbrechen der jüngsten Vergangenheit zutage lagen, konnte Furtwängler an Bruno Walter schreiben: Die Gefühle der Juden gegenüber den Deutschen seien zu verstehen, sofern sie mit Nazideutschland „zu tun" hatten, um gleich danach von sich als „viel furchtbarer" zu berichten, „in so entsetzlicher Weise unterdrückt, terrorisiert und schließlich an den Pranger gestellt zu werden, wie es mit uns zurückgebliebenen Deutschen geschah". (5) Mit welchen Gefühlen Walter so etwas las, ist leicht vorstellbar.

Es ist noch immer nicht umfassend beschrieben worden, warum und wie Furtwängler zwar nach dem Zweiten Weltkrieg in vielen Ländern mit zartem Ernst und unbezweifelbarer Wirkung dirigierte, daneben aber eine so ungestüme, ja wilde Auseinandersetzung um seine Person ausgefochten wurde, deren Wunden bis heute nicht ganz vernarbt sind. An Furtwänglers Verhalten machten vornehmlich viele, die notgedrungen im Ausland gelebt hatten, ihre verbitterte Enttäuschung fest. Die Konzessionen, die zahllosen Künstlern unter Hitlers Regime zugestanden wurden, um sich des Ruhmes zu bedienen, brachten im Fall Furtwängler gewaltige Teile der westlichen Welt gegen ihn auf. (Auf so manches Missverständnis müsste hingewiesen werden und dabei auch über den Hass Toscaninis und seinen Einfluss nachgedacht werden).

Schon oft hatte Furtwängler angedeutet, wie wenig Sinn in Amerika oder England für die große symphonische Form zu finden sei.

Wahrscheinlich glaubte er, dem Rivalen etwas Nettes zu sagen, als man ihn zu Toscanini befragte, den er um 1930 in Bayreuth kennengelernt hatte. So meinte er, er hätte gar nichts gegen ihn, finde es nur schrecklich, wenn die Amerikaner glaubten, so und nicht anders müsse Beethoven klingen. Sonst um Gottes Willen keine Feindschaft! Und ganz allgemein ordnete er seine Kollegen in solche ein, die entweder ins Museum oder in den Zirkus gehörten.

Damit aber hätten wir das Wesentliche des Problems noch nicht einmal berührt: beispielsweise Furtwänglers symbolhafte Strahlkraft gar nicht in Erwähnung gezogen, seine künstlerisch unterschiedliche Einstellung nicht gewürdigt.

Toscanini also fiel in den allgemeinen Chorus ein und schimpfte Furtwängler einen „Nazi“, nannte ihn einen „genialen Dilettanten“ und ließ ihn doch zugleich für seine Nachfolge am New Yorker Philharmonischen Orchester vorschlagen, schon weil er selbst den Posten nach der Gründung seines NBC-Orchesters als überflüssig ansah. Mit dem „Dilettanten“ hatte er sicherlich Furtwänglers Schlagtechnik im Sinn, die so gar nicht den allgemeinen Vorstellungen entsprach. Da gab es keine exakten Einsätze, obwohl er es wahrlich immer fertigbrachte, exakte Einsätze zu erzielen. Manchmal machte er ja auch den Eindruck, er versinke in sich, und die bereits erhobenen Arme gingen langsam wie unentschlossen herunter, eher wie beschwörende Zeichengebungen eines Entrückten. Natürlich kursierten viele, nicht immer wohlwollende Musikerwitze darüber. Wir setzen ein, wenn wir es nicht mehr aushalten, – wenn er beim dritten Knopf der Frackweste angekommen ist, – wenn der Konzertmeister zum Strich ansetzt. Als Karajan befragt wurde, welches typische Charakteristikum er bei Furtwängler beobachtet habe, fand er das Wort: schöpferische Unentschiedenheit, die sehr besonders und auch lehrreich gewesen sei. Positiv war es sicher nur am Rande gemeint, aber es steckte Wahres dahinter.

Furtwängler glaubte rechtens, er könne hart und klar schlagen. In einer Berliner Hochschul-Lektion fielen die Worte: „Das ist sehr einfach“. Und wenn er hitzige, junge Dirigenten freundlich verspottete, so den jungen Kollegen Sergiu Celibidache, der damals beweglich und mit Übertemperament dirigierte, meinte er dazu, auch im

Blick auf die eigene Vergangenheit: „Besonders junge Kapellmeister meinen, die Musik würde sehr feurig, wenn sie selber sehr feurig sind... Es gibt Stellen, die gerade durch ihre Kühle wirken."

Hinreißende Beispiele dieser Art sind vielfach in Aufnahmen erhalten, man denke nur an den langsamen Satz in Beethovens Vierter, wo die Kantilene völlig ruhig, ohne Emotion bleibt. Wie oberflächlich würde sie wirken, wäre der Dirigent darauf aus, sie mit Nuancen vollzustopfen. Aber die Zwischenstücke, die vorbereitenden zur Wiederkehr des Themas, bersten von Ausdruck und schenken Beethovens ruhiger Melodielinie eine Magie, die mit trockenem Schlag nicht zu erzielen wäre.

Bei einer für das Zusammenspiel schwierigen Stelle baten die Musiker ihren geliebten Dr. Furtwängler, er möge ausnahmsweise statt des mystischen Zitterns klar schlagen, damit nichts passiere. So machte es Furtwängler, und stolz registrierten die Musiker das gute Zusammenspiel und fragten, ob er nun nicht viel zufriedener sei? Die seufzende Antwort lautete: „Fürchterlich. Ich fand es so scheußlich direkt." Bei ihm sollte alles erst werden, nicht gleich da sein, wie am Beginn der „Coriolan"-Ouvertüre die Unisono-Schläge. Wie stets teilten sich bei ihm die Bestrebungen: Willensstärke, schmerzliche Ekstatik, andererseits gewollte Entschlusslosigkeit, so wie es nach Joachim Kaisers Bericht über den Skizzen zum Klavierquintett steht: „Peut-être".

Es handelte sich bei Furtwängler, wie immer schon, um eine Grenzsituation in der Wiedergabe des nicht nur für ihn unvergleichlich eingebungsreichen Beethoven;

um eine Verteidigung gegen unberufene Kritik – ja, es ging ihm um dessen Rettung.

Vermutlich rührten die von Jupiter geäußerten, bald überheblichen, bald ungeschickten oder auch beleidigten Selbstrechtfertigungen nach dem Krieg, die man wenig später in Vernehmungsberichten nachlesen konnte, von der Unfähigkeit, Abstand zu jener dunklen Zeit zu gewinnen.

Hatte er nicht hartnäckig hingegeben vor allem für Menschen musiziert, deren Häuser am selben Tag den Bomben zum Opfer fielen? Gründe dafür lassen sich schwer anführen, die Diskussion ist nach wie vor in vollem Gange. Wenig bekannt ist, dass Furtwängler schon 1934 an Emigration dachte, und es waren immerhin Arnold Schönberg und Max Reinhardt, die ihm zuredeten, die Bastion in Deutschland zu halten.

Wer ihm sein Dableiben ebenso wenig verzieh wie seine Einstellung zum Musizieren, war der Verfechter geheiligter Prinzipien, Arturo Toscanini, dessen umjubeltes Deutschland-Gastspiel 1931 Furtwängler einfach „abscheulich" fand. Ein Italiener sei, so meinte er, ohnehin gar nicht im Stande, deutsche Musik angemessen zu interpretieren. (6) Kunst und Disziplin seien eben nur schwer miteinander vereinbar und müssten wenigstens als Voraussetzungen voneinander geschieden sein. Dabei waren sich beide näher, als sie wahrhaben wollten. Sie konnten beide nicht intellektuell klarer an ihre Aufgaben gehen, und beide strebten sie einen musikalisch stetigen Fluss an, der sich zu ekstatischen Ballungen und Entladungen bekannte. Beide sprachen ihrem Ohr so viel Vertrautheit mit den Werken zu, dass sie sich nicht scheuten, Retuschen oder Tempomodifikationen vorzunehmen. Aber die einstigen Wettkämpfe im New York des Jahres 1927 um die Neunte, die Toscanini seinem Rivalen um keinen Preis überlassen wollte, und die Furtwängler dazu veranlassten, nach dem dritten Besuch die Vereinigten Staaten nie wieder zu bereisen, waren unvergessen, wirkten weiter und bestätigten alle Vorurteile.

Wofür regte man sich damals und heute auf, wofür tadelte man Furtwängler? Dafür, dass er in Deutschland blieb. Aber hierzulande nicht minder deshalb, weil er es überhaupt erwog, 1936 einen Ruf nach New York als Nachfolger Toscaninis anzunehmen, Überlegungen, die von einem erbitterten Pressekrieg hüben wie drüben begleitet wurden. Er setze sich zwischen die Stühle, wurde von den Nazi-Gegnern genauso wie von den Nazis selbst kritisiert. Man stieß sich daran, dass ihm undeutlich vorschwebte, New York mit Berlin zu verbinden, wie es Leonard Bernstein mit Wien viel später zustande brachte. Auch er ein Komponist, der sich ohne Schöntuerei und genau wie Furtwängler vorwarf, zu selten zu komponieren und zu häufig zu dirigieren. Furtwängler blieb und bedeutete zugleich einen Trost für viele, wurde aber auch unausbleiblich zum Aushängeschild einer Politik, die ihn zwar wutschnaubend, aber nach außen beifällig gewähren ließ.

Ein Nationalsozialist ist er natürlich nie gewesen. Den verhörenden Entnazifizierern durfte er entgegenhalten, er habe als einziger innerhalb des deutschen Musiklebens Stellung gegen die Nazis bezogen. Dafür sprechen tatsächlich beeindruckende, von großem Mut zeugende Belege. Verärgert war er, sich rechtfertigen zu müssen, wo er doch unschuldig war; wobei er leider in seinem großen Stolz nicht sofort bedauerte, auf höheren Befehl gehandelt zu haben. Nach anfänglichem Widerstand gab es damals doch keine Möglichkeit mehr, Mahler, Mendelssohn oder Schönberg zu dirigieren. Was er sicherlich getan hätte, obwohl seine Sympathien eigentlich an keinem dieser Namen hingen. Er erwähnte auch nicht, dass Schönberg es war, der ihm zum Bleiben in Deutschland riet; was er befolgte. Eben dieser Schönberg verfluchte nach 1945 die amerikanischen Dirigenten, liebte aber den ganz in der Liebe zur Musik aufgehenden Furtwängler. Woher rührte wohl jener fast nicht glaubhafte Satz, ·den Schönberg nach der Entdeckung des dodekaphonischen Prinzips an seinen Assistenten Josef Rufer richtete, in dem es sinngemäß hieß: „Ich erfand etwas, was die Vorherrschaft der deutschen Musik auf weitere hundert Jahre sichern wird." Einen wesentlichen Grund für sein Bleiben in Deutschland verschwieg Furtwängler: Er wollte seine todkranke Mutter nicht hier allein zurücklassen.

Es waren freilich nicht nur zornesblinde, fehlinformierte Hohlköpfe, die sich nach 1945 gegen den ehemaligen „preußischen Staatsrat" stellten, sondern ebenso Künstler, über deren Rang oder Aufrichtigkeit kein zweifelndes Wort zu verlieren ist. Als 1949 die Einladung an Furtwängler erging, in Chicago zu dirigieren, zu einer Zeit also, in der er als fast verklärter Künder seiner Kunst dastand und Amerika hätte Interpretationen bieten können, wie sie dort niemand zustande brachte, da protestierten Horowitz und Rubinstein, die sonst sehr selten einer Meinung waren, da protestierten Eugene Ormandy, Isaac Stern, Fritz Reiner und viele andere. Nie mehr würden sie in Chicago auftreten, sollte Furtwänglers Auftritt gestattet werden. Wenn den damaligen Zeitungsberichten zu glauben ist, schlossen sich sehr viele andere Musiker dem Protest an. Und Furtwängler zog sich verbittert zurück.

Auch die angriffsfreudige und nicht eben musische Analyse, die damals Alexander Mitscherlich in der „Neuen Zeitung" vom Stapel ließ, ebenso die gereizten Briefe, wie sie zwischen Thomas Mann und Furtwängler gewechselt wurden, verlangen nach Erklärungen, die über die Vermutung bloßer Ressentiments hinausgehen. Möglicherweise hing die Schärfe ihrer Auseinandersetzung nach 1945 damit zusammen, dass der alt gewordene Thomas Mann sich unfreiwillig in Furtwängler wiederfand, freilich auf einer früheren Entwicklungsstufe, die ihn viele Wunden gekostet hatte. Mit der Rhetorik seiner Settembrini-Gestalt pries der Dichter im „Zauberberg" den künftigen Siegeszug der Demokratie und die moralische Rechtfertigung des Kommunismus. Unwirsch konnte Mann damals äußern, der „inneren" Emigration hätten doch nur Ofenhocker angehört, über denen der Ofen zusammengebrochen sei. Und Furtwängler wollte selbst das berühmte Kapitel über Beethovens op. 111 aus dem „Dr. Faustus"-Roman nicht akzeptieren und schickte die gehässige Bemerkung hinterher, der Wagnerianer Thomas Mann solle sich doch lieber über den „Ring" äußern als über Beethoven. Das entsprang keiner krankhaften Fixierung, das kam einer tragischen Dimension gefährlich nahe.

Furtwängler war nach dem Krieg ein anderer geworden: ein zu früh gealterter Mann im Stadium der Meisterschaft, noch immer fähig zu enthusiastischer Hingabe, noch immer aufstörend gegenwärtig als absoluter Mittler von Größe, bewundert und verehrt als Bewahrer klassischer Tradition, den Sorge um die Zukunft der Musik belastete. Er hielt sich für einen prominenten Nazi-Gegner, auch schon zur Zeit des Systems, nun hatte er unter dem wütenden Machtkampf der „Deuter" zu leiden. Zusätzlich litt er unter den nicht wenigen Denunzianten, die gelegentlich in seinen Nachkriegskonzerten auftauchten und schimpften.

Dabei reifte erst jetzt sein europäischer Ruhm. Triumphale Auslandsreisen drängten sich, Spitzenorchester und Festspielorte riefen. Und doch fühlte er sich subjektiv und objektiv verkannt.

Immer wieder stellte er seine Einstellung klar, und doch machte man ihn – wohl unausbleiblich – zum Urbild für das starrsinnige und konservative Deutschland. Falsche und wirkliche Freunde sprachen in den Verhandlungen für ihn, am bewegendsten wohl der Theatermann Boleslav Barlog, dem ich so manche Auskunft über die peinlichen Verhandlungen entlocken konnte.

Der Verhörte selber tendierte zu einer Verhärtung, die sich eher verschlimmerte. Jedermann schön zu tun, die Rolle des zeitgerechten Mode-Demokraten zu spielen, dazu besaß dieser Künstler kein Talent. Dass er sich unbesonnen in die problematische Nähe von ausschließlich rückwärts Gewandten begab, dass er den Austausch mit Frank Thiess, dem Verweigerer literarischer Erneuerung, mit Walter Sedlmayer, dem Fanatiker der Gegenständlichkeit in der Bildenden Kunst, mit dem Schönberg-Feind Melichar suchte, ja dass er selbst für kadenzfreie Musik einmal den Ausdruck „entartet“ benutzte, waren sicherlich „deutsche“ Reaktionen. Aber er reagierte mit Grimm und Abscheu, wenn sich einer dieser Herren im Künstlerzimmer auf ihn stürzte, wie ich es selbst beobachten konnte, als Melichar ihm neue Orchester-Bearbeitungen im Künstlerzimmer des Titania-Palastes von sich vorzulegen trachtete. Furtwängler besaß den Trotz eines Knut Hamsun und wirkte eher sympathisch gegenüber all den farblosen Opportunisten, von denen es zu viele gab.

Schließlich hatte es bereits in der Nazizeit von ihm genügend unkluge Äußerungen gegeben, wie den Brief an Winifred Wagner, in dem er öffentlich kritisierte: „Das Entscheidende ist, dass Sie, obwohl Sie nicht Fachmann sind, doch die letzte Entscheidung in künstlerischen Dingen in Bayreuth für sich allein beanspruchen. Sie begründen das heute mit dem Wortlaut des Testaments, – es widerspricht aber dem Sinne der Vereinbarung, die wir seinerzeit zusammen für meine Tätigkeit ab 1933 festgelegt und veröffentlicht haben... Sie dürfen nicht das letzte Wort beanspruchen.“ Unbotmäßig also und zum Ärger von Winifred und dem allmächtigen „Onkel Wolf“.

Die Spannkraft von Furtwänglers Natur in den letzten Lebensjahren bewies sich als ungeheuer, über die schwere Erkrankung hinaus, die ihn fünf Tage vor der Wiedereröffnung der Salzburger Festspiele 1952 fast zur Strecke gebracht hätte. Alle Warnungen in den Wind schlagend, gab er das Konzertreisen nicht auf. Als er, nur halbwegs genesen, wieder seine Philharmoniker in Berlin dirigierte, zeigten sich in seinen Zügen und seinem torkelnden Gang deutliche Nachwirkungen seines Leidens. Seither musste sich jeder Konzertbesucher unausgesprochen sorgen, ob er ihn nicht zum letzten Mal erlebe.

Ein unbeugsamer Wille und seine im Grunde zähe Konstitution ließen ihn noch zwei Jahre durchhalten, die Freude am Gelingen und sein dionysisches Temperament hielten ihn wach.

In Wien geschah es dann am 23. Januar 1953, dass Furtwängler mit Grippe und hohem Fieber dirigierte und auf dem Podium zusammenbrach, rechtzeitig von Hörern gehalten, sonst wäre er auf die ersten Reihen gefallen. Aber er genas und leitete in Wien und Luzern ihm wenig vertraute Werke von Strawinsky oder Schoeck. Auch wurde über eine Amerika-Tournee mit den Wiener Philharmonikern verhandelt, zu der es dann nicht mehr kam.

KINDERTOTENLIEDER

Am 6., 7. und 8. Dezember 1953 durfte ich im Berliner Titania-Palast sein Solist in den „Kindertotenliedern" von Mahler sein, drei Aufführungen, bei denen ein Wald von Mikrophonen vor dem Podium zu sehen war, von denen sich aber zu meinem großen Kummer trotz intensiven Nachforschens kein Mitschnitt erhalten hat. Bei der Probe erschrak ich, als ich Furtwänglers fragendes Gesicht mir zugewandt sah und er sich erkundigte: „Spielen die Bläser schon?"

Der Gehörschwund, von dem schon eine Weile gemunkelt wurde, dass er nach Flügen sich besonders störend bemerkbar mache, war also real.

Nach dem dritten Abend drückte er sein Erstaunen aus, dass ich dreimal nicht nur die gleiche Spannung erzeugt, sondern sie auch mit modifizierten Mitteln erreicht habe, also anscheinend ganz in seinem Sinne, der er immer wieder die zu interpretierende Musik neu in sich entstehen ließ. In der Tat bot Furtwängler kaum je endgültige Lösungen und hielt seine Wiedergaben gleichsam in dauerndem Schwebezustand, was ihn selbst allerdings ungeheuer mitnahm, denn die Voraussetzung hieß konzentrierte Sensibilität. Das erschien vielen als Schwäche oder fehlendes Handwerk, aber eine Schwäche solchen

Bewusstseinsgrades erscheint mir als ein Vorzug, ja als Tugend.

Nicht nur hier habe ich Furtwängler beim Dirigieren immer wieder beobachtet. Der hochgewachsene Mann vibrierte zwar innerlich vor Erregung, aber ohne jede Nervosität, ganz aufgehend in künstlerischem Gestaltungswillen. Er war zu Pausen oder Stockungen fähig, die den Hörern den Atem nahmen. Er produzierte Steigerungen oder Diminuendi, die den Hörenden außer sich geraten ließen. Dabei kannte er kein Forcieren und mied es ganz bewusst zugunsten einer Natürlichkeit, die das Gegebene anerkannte. Was es damals im Krieg und auch nachher bedeutete, umgeben von Gefahr oder mit hungerndem Magen, sich von seiner „großen" Musik wie in einem Gottesdienst trösten zu lassen, bedarf nicht näherer Beschreibung.

Heute darf man nach dem Konzert in ein Restaurant gehen und es sich gedankenlos gut gehen lassen. Aber es tat damals der Musik keinen Abbruch, dass sie nunmehr unter diesen absurden Umständen erklang, häufig nur noch imaginierten Tönen nachdirigiert, die er gar nicht mehr akustisch wahrnehmen konnte.

MATTHÄUS-PASSION

Noch viele Siege blieben dem Dirigenten aufgespart: in Berlin, Wien, Salzburg und Luzern, eine Reise mit den Berliner Philharmonikern, dann eine Tournee mit den Wienern, ohne sein Wissen von der Haute Couture inszeniert, die ihre schönsten Mannequins aus Österreich mitschickte. Es gab noch einen Kurzausflug zur Panamerikanischen Konferenz nach Caracas mit dem ihm unbekannten Venezuela Orchestra – bei der dortigen Tagung der Vereinten Nationen war ein Konzert zu dirigieren. In Salzburg gab es den „Freischütz“, für dessen mäßiges Gelingen sicher nicht die erstklassige Besetzung, sondern eine Missstimmung verantwortlich zu machen war; die entstand, als ohne sein Plazet für die Regie Günther Rennert anstelle des für ihn „gewohnten“ Herbert Graf eingesetzt wurde. Eine Verkennung schlimmen Grades, ein Versäumnis, gewiss durch Beeinflussung entstanden. Graf inszenierte denn auch den „Don Giovanni“ mit Cesare Siepi und machte ihn zum nachhaltigen Eindruck, wie mir immer wieder erzählt wurde.

Aber viel schwieriger: die Ohren ließen weiter nach, und Furtwänglers Dasein gestaltete sich zu einer einzigen Pein. Vor dem Antritt jener erwähnten Reise mit den Berlinern trafen wir uns wieder in Wien zu Bachs „Matthäus-

Passion", bei der ich den Christus sang. Gewöhnt an den durchsichtigen Klang einer kleinen Besetzung und die mehr „metronomischen" Tempi des Freiburgers Theo Egel, wie sie so sehr der Tendenz jener Zeit entsprachen, konnte ich mich zunächst kaum in dem molochartigen Klang der Massen und in den schier unaufhörlichen ritardandi zurechtfinden. So mutete es mich wie selbstverständlich an, dass Furtwängler gleich zu Anfang monierte, ich sei zu beflissen und überpünktlich eingetreten. „Ihr wisset, dass nach zween Tagen Ostern wird..." „Wenn Sie wollen, dass die gehörige Aura um die Gestalt Jesu webt, müssen Sie den Akkord der Streicher sich erst bilden und einen Moment stehen lassen." Eigentlich erst, nachdem ich mir eine halbwegs stimmige Vorstellung von den Intentionen Furtwänglers bei der vierten Aufführung gebildet hatte, ging ich wirklich mit ihm konform. Irgendwie scheint er sich seiner unzeitgemäßen Auffassung des mächtigen Werks bewusst gewesen zu sein, denn in der Pause stürzte er zu den Damen seines Anhangs, und ich hörte ihn fragen: „War es denn akzeptabel, war es zu weich, war es zu langsam oder zu laut?"

DIE ZWEITE SYMPHONIE

Ein letztes Mal noch kam Furtwängler zu den Berliner Festwochen und dirigierte seine Zweite Symphonie in e-Moll, und diese seine Verabschiedung vom Berliner Publikum, als Komponist wie als Orchesterleiter eines imaginären Klangbildes, das er kaum noch vernahm, dieses gewaltige Bekenntnis zu hochromantischen Orchestereffekten, blieb mir Hörer mit all seinen Zwiespältigkeiten im Gedächtnis. Der Solo-Cellist Eberhard Finke, noch 1950 vom „Meister" für das Orchester engagiert, erinnert sich, wie Furtwängler bei der letzten Probe ein Hörgerät ausprobieren wollte und schon nach 20 Minuten abbrach. Resigniert schickte er die Musiker mit „Danke schön, meine Herren!" nach Hause. Nicht wie sonst sah man den Titania-Palast ausverkauft, aber die Begeisterung für Werk und Wiedergabe schlug hohe Wellen.

Es wurde deutlich, wie paradox die Laufbahn dieses Mannes war, für den das Dirigieren nur eine Nebenbedeutung hatte, wenngleich das ständige angeleuchtet werden seiner beschwörenden Gesten ihm durchaus Bedürfnis war, zeitlich oft auf Kosten der Arbeit am Schreibtisch. Er wollte, nach nachgelesenem Zeugnis, zumindest in den Anfängen, als Dirigent Beethovens Musik so nahe wie nur möglich kommen. Als der Vater früh verstarb, ging es um das nötige Verdienen, nachdem seine Ausbildungszeit geradezu prinzlich privat verlaufen war. Unter den Lehrern befanden sich immerhin Anton Beer-Walbrunn, Walter Riezler oder Max Schillings (der noch nicht geadelt war). Schließlich kam es für ihn kaum in Frage, seine eigenen Produktionen anderen zu überlassen. In seinen Briefen ist zu lesen: „In Wirklichkeit war das Dirigieren das Dach, unter das ich mich im Leben geflüchtet habe, weil ich im Begriff war, als Komponist zugrunde zu gehen.“ (7)

Entgegen solchen Aussagen schienen sich gerade in dieser Symphonie die beiden Sphären des Nachschaffens und Schaffens zu begegnen und sich oft sogar zu decken. Acht Jahre nach den letzten vollendeten Werken, nämlich im Februar 1948, war die Zeit für die Uraufführung der Zweiten Symphonie in e-Moll gekommen.

Viele zeigten sich gespannt, und mancher fragte sich mit Bangen: War nach dem „Symphonischen Konzert“ von 1940 der Wille zur tragischen Äußerung und monumentaler Gestaltung noch weiterführend lebendig? Als ich sieben Jahre später die Symphonie endlich hörte, fand ich die Ecksätze gleich etwas überdimensional ausgefallen. Dennoch schien die Kraft der Zusammenfassung eher gewachsen, irgendwie erleichternd, fand sich willkürliches Zerschmettern der musikalischen Materie nicht mehr wieder. So geballt die Steigerungen auch waren, sie konnten der befreienden Wirkung nichts anhaben, leisteten ihr eher Vorschub. Sagte einer wie Walter Riezler nach der Hauptprobe zu Furtwängler: „Das ist ein Meisterwerk“, so gab dieser nur zur Antwort: „Ich habe viel dazu gelernt.“ Ausdrücklich erkannten damals Musiker ersten Ranges wie Paul Hindemith, Artur Honegger oder Ernest Ansermet die Könnerschaft an. Honegger stellte fest: „Ein Mann, der eine Partitur geschrieben hat, so reich wie seine Zweite Symphonie, steht außer allem Streit“.

Wurde der Hörer in früheren Werken nur manchmal an die Welt Hans Pfitzners erinnert, so entschleierten sich jetzt diverse Vorbilder wie das Finale der Zweiten Mahler-Symphonie oder bei dem triumphalen Höhepunkt im Schlusssatz Tschaikowsky. Was in den letzten hundert Jahren im symphonischen Bereich erklungen war, wurde noch einmal völlig unepigonal Wirklichkeit. Die Harmonik überschritt die Grenzen funktionaler Harmonisierung nur kurzfristig, sie behielt die Grundlage des Dreiklangs bei und „schärfte“ nur gelegentlich mit harmoniefremden Tönen. Wer da behauptete, Brahms etwa habe sich harmonisch schon weiter vorgewagt, tat das zu Recht.

Ohne den Komponisten, so der vorherrschende Eindruck, hätten eigentlich seine dirigentischen Leistungen nicht zustande kommen können. Und reziprok darf man sagen, die schöpferische Arbeit habe enorm von jener Tradition profitiert, die ihm durch die Orchesterarbeit in Fleisch und Blut übergegangen war. Epigonal sind die Werke deshalb noch lange nicht, wie so oft behauptet wurde, sondern eher wehrlos gegenüber einem Geschichtsbewusstsein, das den Komponisten nie losließ, einen Mann immerhin, der von den Neutönern in den zwanziger Jahren hoffnungsvoll „der ihre“ genannt worden war.

Die Entstehungszeit der Symphonie, 1944/45, ließ Furtwängler beabsichtigen, eine Gegenwelt zu den ihn umgebenden Schrecken zu beschwören, sie gleichsam mit den eigenen Tönen auszulöschen. Ganz anders also, als der ihm in so vielerlei Hinsicht ähnelnde Gustav Mahler (man denke nur an die ausgedehnten Spielzeiten der Werke beider), der sein Hier und Jetzt geradezu aufforderte, zum Bestandteil der Aussage des Werks zu werden.

Furtwänglers Symphonie will von Bedrohung, von Angst nichts wahrnehmen. Gleichwohl möchte diese Musik immer auch mehr sagen, als sie hören lässt, sie möchte überreden. Peter Gülke spricht von „einem Feldherren, der riesige Armeen aufs falsche Schlachtfeld befehligt.“ (8) Ein Unterschied, an den Furtwängler selbst immer wieder erinnerte, kommt freilich in seinen Kompositionen sehr deutlich ans Licht: Wo der Wiedergebende sich gedrängt fühlen müsse, so wiederholte er oft, alles bis ins Kleinste festzulegen und genau nachzuvollziehen, da lebe der Schaffende in hohem Maße von einem Anteil an Improvisation, der überhaupt erst ein Eigengeschaffenes aus seinem Werk mache.

DIE DRITTE SYMPHONIE

Als Meister großer, erfüllter Form weist ihn vor allem seine erst posthum von Joseph Keilberth uraufgeführte Dritte Symphonie aus. Nur von diesem Spätwerk her, so schien es mir beim Hören der wunderschönen Wiedergabe mit den Berliner Philharmonikern, ist die kompositorische Persönlichkeit ganz zu erfassen. Eine Größe, die die dodekaphonische Lehre, obwohl sie der Musik des 20. Jahrhunderts den Weg gewiesen hatte, hartnäckig ablehnte, um ihr seinen Glauben an die tonale, natürliche, mit Spannung und Entspannung von Dissonanz und Auflösung befasste, entgegenzusetzen, nicht durch Polemik, die nichts weiterbringt, sondern durch die schöpferische Tat.

Ist ihm dies gelungen? Auch aus der letzten Symphonie spricht das Ringen mit dem in vielerlei Formen und Gestalten wirkenden Kunstwillen der Zeit. In seinem letzten Essay aus dem Jahre 1954, dem nicht mehr gehaltenen Vortrag für die Bayerische Akademie der Schönen Künste, „Der Künstler und sein Publikum“, beschäftigt sich Furtwängler mit dem Begriff der Größe und findet, die innere Welt müsse an die äußere vermittelt werden, und eben dies macht das Wesen seines Ringens aus, wie es sich in jener Symphonie offenbart.

Auch der Geiger Yehudi Menuhin, oft in vertrauter Arbeit mit Furtwängler vereint, hat als Dirigent die Dritte Symphonie aufgeführt und dazu geschrieben: „Er selbst hat das Werk nie gehört – es war seine letzte Komposition, die er erst wenige Wochen vor seinem Tod abschloss. (Dem Torso fehlt der letzte Satz.) Es ist ein Werk in der Tradition Mahlers oder Bruckners, mit großzügigem Weitblick, aber eben so großer Konzentration in den drei Sätzen, die von Zerstörung, irdischem Leben, dem Jenseits und dem, was hinter dem Tod steht, singen. Im abschließenden Satz kommt die Philosophie eines Mannes zum Ausdruck, dem die Notwendigkeit zu kämpfen, seinem Ideal treu zu bleiben, zur selbstverständlichen Botschaft geworden ist." Eine rhythmische Eintönigkeit beeinträchtigte meine Freude an der Komposition dennoch etwas, was wahrscheinlich durch allmähliche Tempo-Modifikationen ein wenig ausgeglichen werden könnte.

TRAUER

Der Eindruck hatte nicht getrogen: der Lebensmut verließ Furtwängler, und klaren Auges blickte er auf die nahen Stunden des Todes – vor allem, seit er sich auf sein Gehör nicht mehr bedingungslos verlassen konnte. Am späten Nachmittag des 30.November 1954, so sah ich es in der Zeitung, waren Chrysanthemen, Lorbeerkränze und Rosen auf die weißen Tücher des Totenbetts gestreut, Blitzlichter hatten ungewohnt scharf jene Gesichtszüge konturiert, wie sie in einem Heidelberger Sanatorium photographiert wurden.

Werner Oehlmann, der Berliner Kritiker und Musikschriftsteller, berichtete im „Tagesspiegel" von einem Konzert, das Friedrich Gulda am Abend des Todestages im Berliner Hochschulsaal gab. Der Pianist trat an die Rampe des Podiums und sagte, Wilhelm Furtwängler sei vor wenigen Stunden gestorben. Bei diesen Worten ging ein Aufschrei durch das Publikum, nicht laut, sondern als Ausdruck tiefen, fassungslosen Erschreckens, des plötzlich hereinbrechenden Bewusstseins eines unersetzlichen Verlustes. Seitdem ist ein reiches, ungeschwächt arbeitsfreudiges Leben voller schöpferischer Interpretationen 50 Jahre lang vorbei gegangen. Aber das Wort „unwiederbringlich" behielt seinen Sinn bis heute.

Eine Trauerfeier im Titania-Palast mit den Philharmonikern unter Arthur Rother nutzte ich dazu, ihm als Nachruf jene Vier Ernsten Gesänge zu singen, mit der unsere Bekanntschaft begonnen hatte.

NACHKLÄNGE

Die Zeitspanne von 1886 bis 1954, in welcher Furtwängler wuchs, aufblühte, sich entwickelte und reifte, sah viele große Kapellmeister. So standen ihm Nikisch, Walter oder Stokowski an Mächtigkeit der persönlichen Aussage nicht nach. Aber zu Mythen wurden diese Zeitgenossen nicht, einen Inbegriff konnten sie nicht darstellen.

Das lag nicht daran, dass etwa Furtwänglers Leistung unfehlbar oder auch nur weltweit anerkannt war. Zu oft forderte er als besonders subjektiver Musiker zum Widerspruch heraus. Seine Welt der Dinge, auf besondere und epochale Weise erlebt und gestaltet, hatte fühlbare Grenzen. Die Aussagen von Beethoven, Wagner, Bruckner oder Brahms standen ihm an nächsten, von ihnen her definierte er alles, was vorhergegangen war oder folgen sollte. Große Besetzung in Bach-Werken, schwerblütige Zeitmaße bei Mozart, mangelhafte Rhythmik bei Strawinsky oder Bartók, sie blieben umstritten, obwohl er sie mit polemischem Eifer verteidigte, ohne die Diskussion beenden zu können. Daniel Barenboim äußerte im Blick auf die „großen Bögen“: „Für mich sind seine Tempo-Rückungen nie willkürlich; da ist immer eine ausgezeichnete Begründung für sie.“

Nur zu wahr, aber man sollte hinzufügen, dass er auch experimentierte und alle seine Reaktionen spontan und unvoreingenommen zur Wirkung kamen, sich nicht an irgendein Wissen klammernd, auch nicht an sichere Traditionen, sondern aus dem ‚Jetzt' in herrlicher, unerschöpflicher Spontaneität entstanden.

In seinen Schallplatten-Aufnahmen lässt sich ein schöner Schatten seiner Persönlichkeit am Leben erhalten – aber mehr nicht. Wer ihn kannte, wird in den Aufnahmen eine unentbehrliche Stütze der Erinnerung sehen dürfen. Und wer ihn nicht kannte, wird aus seinen Klangzeugnissen immerhin heraushören können, wie ein Genialer die Probleme struktureller Kontinuität zu lösen wusste. Das Wesentliche, die spontane, unwiederholbare Geschlossenheit seiner Wiedergaben erschließt sich nur der Erinnerung an seine Person.

Nicht nur die wenigen Studio-Aufnahmen nach dem Kriege, zwischen 1949 und 1954 entstanden, einige auch schon in den dreißiger und vierziger Jahren, mehr noch die zahllosen Mitschnitte von Konzerten, Bühnenaufführungen und Rundfunkveranstaltungen, auch aus den Kriegs- und Nachkriegsjahren, erhielten sich in öffentlichen und privaten Archiven. Zu allen Musikfreunden fanden sie ihren Weg über offizielle und inoffizielle Schallplatten-Editionen. Nicht nur in Deutschland und Österreich, Furtwänglers vorrangigen Wirkungsfeldern, sondern in der ganzen Welt. Was von seinen dirigentischen Zeugnissen und von seinen Werken als Compact-Disc erschien, und das sind faktisch alle, schlägt in Japan und Amerika, in England und Frankreich immer noch die

Verkaufszahlen vieler neuer Digitalproduktionen. Das wiederum spottet jener technischen „Fortschrittsgläubigkeit“, der nicht bloß die Musikindustrie, sondern auch manche prominente Interpreten anhängen. Denn wir wissen ja, wie lange vor der Stereophonie die akustischen Furtwängler-Dokumente entstanden sind, also noch weit vor dem liegen, was uns die Technik seither als „naturnah“ bescherte.

Nicht aufzuzählen die vielen Musiker, die ihn nicht mehr selbst erleben konnten, also ganz auf die erhaltenen Tondokumente angewiesen sind, darunter viele Angehörige anderer Nationalitäten als der deutschsprachigen. Sie alle nennen Furtwängler den wichtigsten Anreger der eigenen musikalischen Arbeit. Dabei erfahren die meisten sehr schnell, wie unmöglich es ist, seine Interpretationen nachzuahmen. So rückhaltlos sie bewundert werden, so wenig kann es in der heutigen Zeit – in welcher Musik häufig nur noch einen Vorwand abgibt für Unterhaltendes, Hintergrundgesäusel, Eitelkeit und industrielle Machtgier – um nichts anderes als den ‚Ernst‘ unbedingten Einsatzes gehen. So wie ihn Furtwängler an den Tag legte. Musik als Lebensfrage, als tragisch durchlebtes Schicksal profiliert seine Erscheinung, weit über alle verklärende Erinnerung oder Nostalgie hinaus.

Es wurde versucht, die objektive Idee von Furtwänglers Tun, also nicht, was er wollte, sondern das, was sich durch ihn als neuer Stil verwirklichte, auf den Punkt zu bringen: Es kam ihm auf die Rettung von etwas an, das bereits verloren zu gehen drohte; darauf, für die interpretierende Anstrengung etwas wieder zu gewinnen, was mit dem Augenblick des Verlusts einer verbindlichen Tradition für sehr viele Dirigenten verloren zu gehen drohte. Dieses Bemühen um Rettung, um eine neue Tradition zu begründen, nötigte ihm eine übermäßig angestrengte Beschwörung ab, der das, was sie wiederherzustellen suchte, unmittelbar eigentlich schon nicht mehr erreichbar war.

HINWEISE

(1) Seite 9: Gottfried Kraus (Hg.), Ein Maß, das heute fehlt. Wilhelm Furtwängler im Echo der Nachwelt. Salzburg 1986, S.5

(2) Seite 12: Martin Hürlimann, Wilhelm Furtwängler im Urteil seiner Zeit. Zürich 1955

(3) Seite 13: Das intellektuelle Leitbild in der Musik: ein Gespräch von Karla Höcker mit Wilhelm Furtwängler, In: Vaterland, Luzern, 13.5.1953; Wilhelm Furtwängler, Ton und Wort. Aufsätze und Vorträge von 1918 bis 1954. Zürich 1994

(4) Seite 43: Fred K.Prieberg, Kraftprobe – Wilhelm Furtwängler im Dritten Reich. Wiesbaden 1986

(5) Seite 43: Frank Thiess (Hg.) Wilhelm Furtwängler: Briefe. Wiesbaden 1964

(6) Seite 47: Wilhelm Furtwängler, Aufzeichnungen 1924-1954. Wiesbaden 1980, S.69-80

(7) Seite 59: Briefe, ebd. S.148

(8) Seite 61: Peter Gülke, Auftakte-Nachspiele. Studien zur musikalischen Interpretation. Stuttgart 2006

1951	Salzburg	Lieder eines fahrenden Gesellen (Mahler)
1951	Wien	Ein deutsches Requiem (Brahms)
1952	London	Tristan und Isolde (Wagner) – Aufnahme
1952	London	Lieder eines fahrenden Gesellen (Mahler) – Aufnahme
1953	Berlin	Kindertotenlieder (Mahler)
1953	Wien	Matthäus-Passion (Bach)

Die Fotografien auf den Seiten 6 und 7
stammen aus dem Privatbesitz
von Dietrich Fischer-Dieskau